JN062607

写真で楽しむ
山梨百名山

山梨日日新聞社

赤　岳 《あかだけ》 2,899m　北杜市

八ヶ岳の主峰。雄大な裾野の上に天を衝いて立ち、遠く富士山と向き合う姿は美しい。登山も樹林帯から岩稜歩きと変化。山頂からの展望も360度で、アルペンムードにもあふれている。清里から登る。北東の長野県側上空高度約2,900mから（2019年8月）

権現岳 《ごんげんだけ》

2,715m
北杜市

赤岳の南にあり、中世から修験道の山として登られてきた信仰の山（中央の最高点が山頂）。麓に残る曼荼羅絵には、権現岳を中心に擬宝珠、阿弥陀岳、虚空蔵岳などの名前が…。南方、編笠山（6ページ）と対照的な険しさがある。天女山から登山道。北西の長野県側上空高度約3,100mから（2005年3月）

編笠山 《あみがさやま》

2,524m
北杜市

八ケ岳・奥秩父山系

岩稜続きの八ヶ岳の南端にあって、なだらかな優しい姿が特徴的（右）。山頂は岩塊に覆われているが、ハイマツに囲まれていて展望は360度。南の観音平まで車が入る。西方上空高度約2,600mから（2004年5月）

瑞牆山 《みずがきやま》

2,230m
北杜市

花こう岩の岩峰群でできた珍しい山。針葉樹と岩峰群の混在が独特の雰囲気を醸し出している。戦後、麓で第1回の全国植樹祭が開かれた。南の富士見平から登る。紅葉期の上空から（2011年10月）

横尾山 《よこおやま》

1,818m
北杜市

頂稜が東西に長い台形をしていて、横たわっているように見えるので、この名が付いたといわれる。西端（右手前のピーク）が山頂で二等三角点があり、東の頂稜に出て西の山頂まで30分ほどかかる。信州峠から登る。高度約1,900mから（2004年11月）

小川山 《おがわやま》

2,418m
北杜市

どっしりとした山容で、黒木と呼ばれる針葉樹が全山を覆い、奥秩父らしい
静かな山旅が楽しめる山。主脈から外れていて訪れる人も比較的少ない。
東の長野県側の麓にある針峰群（手前）は、フリークライミングで有名。富
士見平から登る。長野県側の東方上空高度約2,200mから（2004年10月）

金峰山 《きんぷさん》

2,599m
甲府市、北杜市

奥秩父を代表する山。昔から信仰の山として有名。ご神体は山頂の西にある五丈岩（中央）。山梨側の登山口の金山平には、この山を世に出した木暮理太郎の顕彰碑が建ち、毎年秋に木暮祭が開かれている。南東上空高度約2,600mから（2004年9月）

国師ヶ岳 《こくしがたけ》

2,592m
山梨市

奥秩父の山深さを感じさせる
大きな山容を誇る（右の露岩
帯がピーク）。夢窓国師の修
行伝説から山名になったという
説もある。すぐ南の北奥千丈
岳（手前）は標高2,601m。奥
秩父の最高峰で唯一2,600m
を超えている。南東上空高度
約2,700mから（2004年8月）

甲武信ヶ岳 《こぶしがたけ》

2,475m
山梨市

甲州、武州、信州三国の境にある。山名はその一字ずつだが、山容が「拳」に似ているからという説も。また南へ笛吹川、東へ荒川、北へ千曲川を生む水源の山であり、日本海と太平洋の分水嶺でもある。南方上空高度約2,270mから（2019年6月）

破風山 《はふうさん》

2,318m
山梨市

東西30kmにわたる奥秩父主
脈のほぼ中央にある（正面の
ピーク）。笛吹川の上流奥に
見える屋根の形をした山で、山
名の由来でもある。大正の初
めに東大生ら4人がここで遭
難死。世間の批判を受けた
が、それを乗り越えて登山は発
展してきた。北方上空高度約
2,800mから（2004年8月）

八ヶ岳・奥秩父山系

雁坂嶺 《かりさかれい》

2,289m
山梨市

甲斐と秩父を結んだ秩父往
還・雁坂峠（中央）の北西にあ
る（中央上のピーク）。峠は古
くヤマトタケル東征の道ともい
われ、今はその下を雁坂トンネ
ルが通っている。山頂の山梨
側（左）はカヤトの原で明るく開
けている。南東上空高度約
2,200mから（2004年8月）

笠取山 《かさとりやま》

1,953m
甲州市

多摩川源流の山（正面）。東京都の水源林として手厚く保護されている。
山頂の南（手前）に「水干」と呼ばれる場所があり、最初の一滴がここか
らしたたり落ちている。西から見ると笠の姿にそっくりな山容で印象深い。
南方上空高度約2,300mから（2004年10月）

飛竜山 《ひりゅうさん》

2,077m
丹波山村

埼玉・秩父との境にある（右のピーク）。戦時中の航空母艦「飛竜」と
関連はなく、山頂の南にある飛竜権現にちなんだ山名という。埼玉側は、
大洞川の源頭なので大洞（おおぼら）山と呼んでいる。北東上空高度
約2,100mから（2004年7月）

雲取山 〈くもとりやま〉

2,017m
丹波山村

東は東京都奥多摩町、北は埼玉県大滝村に接する、奥秩父東端の2,000m峰。山頂（正面の最高点）からは東に関東平野の大展望が広がり、新宿や東京タワーなど東京の灯が明るい。東京側に大雲取谷、小雲取沢がある。南東上空高度約2,100mから（2004年10月）

鶏冠山 《とさかやま》

2,115m
山梨市

「とさかやま」あるいは「けいかんざん」と呼ぶ（中央）。岩峰の連なりをニワトリの「とさか」に見立てた。国道141号の道の駅「みとみ」から雁坂トンネルに向かう途中でよく見える。登山は岩登りの技術が必要。（2004年9月）

黒金山 《くろがねやま》

2,232m
山梨市

乾徳山(左、26ページ)の北
(右)にある大きな山。人気の
ある西沢渓谷が北の裾を流
れる。針葉樹に覆われていて、
奥秩父らしい静けさがある。し
かし人気の山と渓谷に挟まれ
て、登る人は少ない。初夏は
シャクナゲがきれいだ。静かな
山である。北方上空高度約
2,300mから(2005年3月)

乾徳山 《けんとくさん》

2,031m
山梨市

深い樹林を抜けて最後は岩登りとなる。緊張して登り切った山頂（左、岩場の最高点）は大展望。人気の山で、多くの登山者が訪れる。甲州市塩山の恵林寺の奥の院になっていて、寺の山号はこの山からとっている。西方上空高度約1,900mから（2004年10月）

黒川山・鶏冠山
―――――
《くろかわやま・けいかんやま》
1,716m
甲州市

青梅街道柳沢峠の東にある。隣接しているので二山を一山に数えている。三角点があるのが黒川山（左）で、東（右）が鶏冠山。山すそに武田信玄を支えた黒川金山があった。柳沢峠から登るのが近い。東方上空高度約1,800mから（2004年6月）

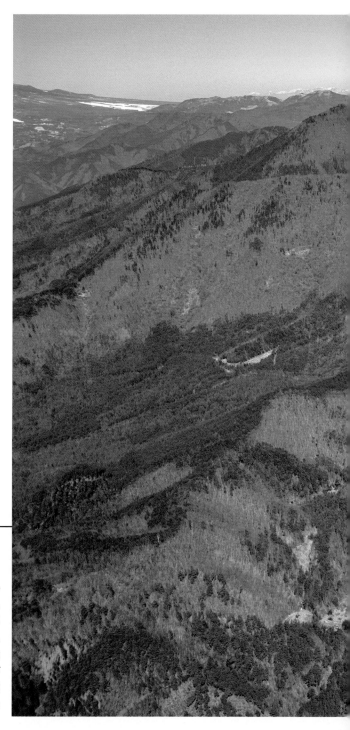

茅ヶ岳 《かやがたけ》

1,704m
北杜市、韮崎市、甲斐市

JR中央線韮崎駅のホームから
よく見える（右のピークが山頂）。
『日本百名山』の著者・深田
久弥が登山中に亡くなった山。
韮崎市穂坂の登山口に記念
碑があり、毎年4月に深田祭が
ある。展望の山。南方上空高
度約1,700mから（2004年4月）

八ケ岳・奥秩父山系

曲岳 《まがりだけ》

1,642m
北杜市、甲斐市

茅ヶ岳（28ページ）の東にある。山頂部分（左のピーク）が尖って東（右）へやや傾くような姿をしている。『甲斐国誌』には "仙人" が住んでいたという記述がある。山頂はミズナラなどに囲まれているが、展望はよい。南方上空高度約1,300mから（2004年12月）

黒富士 《くろふじ》

1,635m
甲府市、甲斐市

曲岳（30ページ）の東の峰（中央右のピーク）。見る角度で違う姿を見せる。西側近くだと少し大きな突起程度、南からだとトサカに、東からだとドーム型。しかし北側からだと富士山型に。しかも逆光だと黒く見える。北方上空高度約1,700mから（2004年7月）

太刀岡山 《たちおかやま》

1,295m
甲斐市、甲府市

黒富士（前ページ）の南にある（正面）。山頂西（左）に標高差150m
の大岩壁があり、鋏（はさみ）岩と呼ばれる。山名はヤマトタケル東征
の折、ここに太刀を置いたという伝説からという。登山口は人家の間
を通る。南西上空高度約1,200mから（2004年12月）

羅漢寺山 《らかんじやま》

1,058m
甲府市、甲斐市

奇岩と清流の渓谷美で知られる昇仙峡。右岸にある奇岩の代表が覚円峰で、羅漢寺山はその峰続き。最も高いのが弥三郎岳（中央左）で、巨大なまんじゅうが重なったような姿をしている。南西上空高度約1,100mから（2005年1月）

要害山 《ようがいざん》

780m
甲府市

市北部にある相川扇状地の扇の要の部分にある（手前）。要害の地で武田信虎が城を築いた。扇状地末端の「つつじが崎」の詰め城だった。全山を覆う赤松が美しい。渡る風に往時をしのぶことができる。北東上空高度約1,100mから、甲府市街と南アルプス市方面を望んで（2004年5月）

帯那山 《おびなやま》

1,422m
甲府市、山梨市

甲府市街地の北にある（中央）。なだらかで、ゆったりとした山。野芝に覆われ、展望がいいことから訪れる人が多い。初夏はアヤメ、秋はマツムシソウやリンドウが咲く。甲府出身の登山家・細井吉造が好きだった山でもある。今はクリスタルラインが通り、簡単に登れるようになった。南東上空高度約1,500mから（2005年1月）

小楢山 《こならやま》

1,713m
山梨市

牧丘地区の北にある。なだらかな山容で優しい姿（中央）。すぐ南の幕岩（右）と対照的な姿。古くは「古那羅山」「権鉢山」などと呼ばれた。西の焼山峠から登るが、防火帯の切り開きを歩く。レンゲツツジが多く、明るい山だ。南西上空高度約1,700mから（2004年9月）

兜山 《かぶとやま》

913m
笛吹市、山梨市

JR中央線春日居町駅の西方
にある（中央）。「かぶと」に似て
いることから山名になった。国
道140号から見ると納得できる。
913mの標高は三角点の高さ。
その先のピークは990mある。
北方上空高度約1,100mから
（2005年2月）

大蔵経寺山

《だいぞうきょうじやま》
716m
笛吹市、甲府市

奥秩父の最高峰・北奥千丈
岳から南に延びる長大な尾根
の終点の山(中央右が山頂)。
甲府盆地の中央に突き出てい
る。南端(左)の裾に大蔵経
寺がある。JR中央線石和温
泉駅、石和温泉のホテル街の
裏山でもある。北東上空高度
約900mから(2005年1月)

41

甲斐駒ヶ岳 《かいこまがたけ》 2,967m　北杜市

　南アルプス・安倍山系

南アルプスは、この端正な三角錐の甲斐駒ケ岳で始まり、南へ延々200km、静岡の太平洋に向かう。深田久弥が「日本で一番綺麗な頂上」と絶賛した山。正面の谷は赤石沢。古くからの信仰の山でもある。南東上空高度約3,100mから（2019年8月）

鋸岳 《のこぎりだけ》

2,685m
北杜市

岩場が連続して鋸の歯を上に向けたような姿から、この名が付いたといわれる（中央が第一高点）。草木も生えない岩ばかりの山と思われがちだが、岩場を好む高山植物が多い。山梨の代表的な川である釜無川は、この山で生まれる。正面奥は八ヶ岳。南西上空高度約2,900mから（2004年5月）

日向山 《ひなたやま》

1,660m
北杜市

海岸の例えで「白砂青松」があるが、この山の山頂はその例えが当てはまる。花こう岩の白い砂とハイマツの緑が美しい。かつて地元では山頂の清濁で天気を予想したという。今は気象庁のアメダスが設置されている。写真は上空から見た日向山。花こう岩が風化してできた真っ白な砂が、森林を侵食しているように見える。北西上空高度約1,850mから（2018年8月）

雨乞岳《あまごいだけ》

2,037m
北杜市

かつて麓の住民が雨乞いをし
たことから山名になったといわれ
る（正面）。知られていないのが
ツツジ。5月下旬、低い所はヤ
マツツジの朱色、中腹はミツバ
ツツジの紫、高い所はレンゲツ
ツジの赤に彩られるという。最
奥は甲斐駒ヶ岳（左、42ペー
ジ）、鋸岳（44ページ）。北方
上空高度約2,100mから（2004
年12月）

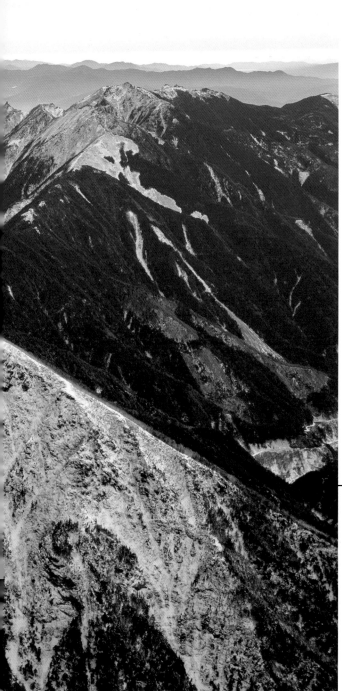

アサヨ峰 〈あさよみね〉

2,799m
南アルプス市、北杜市

広河原の吊り橋から上流を見
て、中腹に「N」の形をした崩
壊地があるのがこの山（中央）。
名前の由来は、広河原辺りか
ら見て朝日が当たる峰から転じ
たというが不明。早川尾根の
最高峰。これだけを目指す登
山者は少ない。西方上空高
度約3,300mから（2004年4月）

南アルプス・安倍山系

鳳凰山 《ほうおうざん》

（地蔵ケ岳・観音岳・薬師岳）
2,840m
韮崎市、南アルプス市、北杜市

韮崎市の西に連なる地蔵ケ岳
（左、2,764m）観音岳（中央、
2,840m）薬師岳（右、2,780m）
の総称。鳳凰三山とも呼ぶ。
稜線は、花こう岩の砂礫の白
とハイマツの緑が美しい。南
西上空高度約2,800mから
（2004年8月）

千頭星山

《せんとうぼしやま》
2,139m
韮崎市、南アルプス市

甘利山の西にあり、山頂（右
奥）の東側（左）は平原状に
なっていて、笹原の向こうに富
士山がきれいに見える。「せんと
うぼしやま」「せんとぼしやま」な
どと読むが、意味ははっきりしな
い。北方上空高度約2,100m
から（2004年9月）

甘利山 《あまりやま》

1,745m
韮崎市、南アルプス市

韮崎市甘利地区の西方にある。レンゲツツジで有名。6月下旬、なだらかな山頂部（中央）がオレンジ色に染まるほどだ。山本周五郎は、ここを舞台にした短編小説「山彦乙女」を書いた。東方上空高度約1,500mから（2004年6月）

南アルプス・安倍山系

櫛形山 《くしがたやま》

2,052m
南アルプス市、富士川町

甲府盆地の西にある大きな山
で、山名は、稜線が和櫛のよ
うに見えることからという。山頂
部（尾根の奥）は準平原地形
で、野生アヤメの大群落がある
ことで知られている。7月中旬、
一帯は紫色に染まる。アヤメ平
を手前に山頂の北側高度約
2,000mから（2004年7月）

南アルプス・安倍山系

小太郎山 《こたろうやま》

2,725m
南アルプス市

北岳(左上、62ページ)の北に
ありながら訪れる人の少ない山
(中央右のピーク)。しかしハ
イマツに覆われた山頂から望
む北岳は、一見の価値がある。
「太郎」は優れたものを指すが
「北岳に対し小さな太郎」とす
る説もある。北東上空高度約
2,900mから(2004年6月)

仙丈ヶ岳 《せんじょうがたけ》 3,033m 南アルプス市

なだらかで優雅な山容から、南アルプスの女王と呼ばれる。南アルプスに氷河地形
のカールは少ないが、ここには3つもある。氷河の痕跡を眺めるだけでも登る価値がある。
カールの底はお花畑だ。東方上空高度約3,000mから（2019年8月）

北岳 《きただけ》 3,193m 南アルプス市

富士山に次ぐ日本第2位の高峰（中央）。『平家物語』にも「北に遠ざかって雪白き山あり、問えば甲斐の白嶺という」
と登場する。日本にここだけという貴重な「キタダケソウ」が咲く。雪解けが進み初夏の装いとなった北岳と間ノ岳（右、
64ページ）、左奥の富士山を北岳の北西上空高度約3,000ｍから、日本の標高1、2、3位のそろい踏み（2020年5月）

間ノ岳 《あいのだけ》

3,190m
南アルプス市、早川町

日本第3位の高峰。大きな山
容で、大井川と富士川の分
水嶺でもある。正面の沢は氷
河地形の細沢カールで、中
央部の黒い部分は初夏に鳥
の姿になる。南アルプスでは
数少ないカールで、夏にはシナ
ノキンバイの大群落で埋まる。
東方上空高度約3,400mから
（2004年6月）

農鳥岳 《のうとりだけ》

3,051m
早川町

北岳（62ページ）、間ノ岳（64
ページ）とともに白根三山の一
つ。西農鳥（右上）と東農鳥
（中央手前）の2つのピークが
ある。三角点と大町桂月の歌
碑がある東農鳥が3,026m、西
農鳥が3,051m。東方上空高
度約3,000mから（2004年7月）

笹山 《ささやま》

2,733m
早川町

農鳥岳（66ページ）から南下する白根南嶺と呼ばれる長大な尾根上にある（中央）。直接登るルートはない。農鳥岳から南下するか、南の転付峠から北上するか。気力、体力、知力、さらにサバイバル能力が必要。山梨百名山で最難関の山である。南方上空高度約2,700mから（2004年7月）

笊ヶ岳《ざるがたけ》

2,629m
早川町

南アルプスは間ノ岳（64ページ）で光岳まで続く主脈と、農鳥岳（66ページ）から笊ヶ岳へと続く長い白根南嶺に分かれる。この白根南嶺の雄が双耳峰の笊ヶ岳（中央とその左）だ。笹山（前ページ）よりも困難を伴う。雨畑の老平から入るが小屋なし、水なし。自分の力だけが頼りとなる。北方上空高度約2,800mから（2004年9月）

山伏《やんぶし》

2,014m
早川町

「やんぶし」という。静岡県境にあり、安倍山系の最高峰。車を使って早川町の
雨畑湖を経て大笹峠まで車で入れれば、登り30分ほどで山頂（中央右）に着ける。
車が入れなければ雨畑から歩くか、八紘嶺からのピストンになる。西方上空高度
約2,300mから（2004年8月）

八紘嶺 《はっこうれい》

1,918m
早川町、身延町

七面山（次ページ）の南にあり静岡県境の山（右上）。ヒメシャラ分布の北限になっている。山名は『日本書紀』の「八紘一宇」からという。野生化したシュロやシラカシなど南方系の木が多い。安倍峠まで車が入れば短時間で山頂に着く。南方上空高度約1,700mから（2004年9月）

七面山 《しちめんざん》

1,989m
早川町、身延町

信仰の山。頂稜が南北に長
く、東面（正面）はナナイタガレ
と呼ばれる大崩壊地がある。
登山は敬慎院までは参道を
行く。白装束の信者が多い。
登山道に入り、崩壊地の縁を
登って山頂。北東上空高度約
1,900mから（2004年12月）

　南アルプス・安倍山系

身延山 《みのぶさん》

1,153m
身延町

登山をするなら日蓮宗総本山の久遠寺山門（中央）からが良い。287段の石段を登り本堂。本堂裏手から登山道へ。木立の中の急な登りを終わるとロープウエー終点の思親閣。山頂はすぐで南アルプスの展望台。南方上空高度約1,000mから（2004年10月）

源氏山 《げんじやま》

1,827m
富士川町

櫛形山から南に延びる山系は早川で終わるが、その北部にある（中央）。山腹はカラマツの植林だが、山頂は円錐形で本来の樹相で覆われている。山名は源氏の新羅三郎義光の伝説によるという。北西上空高度約2,200mから（2004年11月）

富士見山 《ふじみやま》

1,640m
身延町、早川町

国道52号の身延町役場から
富士川橋辺りで西に見える大
きな山が富士見山だ。中腹に
は「句碑の里」があり、1000
基以上の句碑がならんでい
る。山頂（稜線中ほど）近くに
は毛無山塊や富士山の展望
台がある。東方上空高度約
1,700mから（2004年7月）

南アルプス・安倍山系

十枚山 《じゅうまいさん》

1,726m
南部町

町の西奥にそびえ、静岡との県境になっている(正面左が山頂)。かつては萩原山と呼ばれた。十枚山は静岡側の呼び名だったらしい。山頂付近はミヤコザサに覆われていて展望は良い。東に富士山が大きい。南西の静岡側上空高度約2,000mから(2004年11月)

南アルプス・安倍山系

篠井山 《しのいさん》

1,394m
南部町

川幅の広くなった富士川の西
に、どっしりとした山容で立って
いる。山頂は二つに分かれて
いて、北峰は展望はないが篠
井（四ノ位）大明神が祀られて
いる。南峰には三角点があり、
富士山や駿河湾、伊豆半島
まで見える。南方上空高度約
1,500mから（2004年10月）

高ドッキョウ 《たかどっきょう》

1,134m
南部町

山梨百名山の中で一番南にある。「ドッキョウ」は、高く突き出た「トッケ」「ドッケ」などと同じといわれる。徳間川沿いからは確かに突き出て見える。途中、駿河湾が見える場所がある。
北西上空高度約1,200mから（2004年6月）

貫ケ岳 《かんがたけ》

897m
南部町

富士川下流の両岸は杉やヒノキの植林地が多い。貫ケ岳(山頂は中央右)も同様。登山道はその中を縫って行く。稜線からは清水港、三保の松原、伊豆半島まで見通すことができる。登山の時期は晩秋から早春がいい。北方上空高度約1,000mから(2005年1月)

白鳥山 《しらとりやま》

568m
南部町

山梨県を流れ下ってきた富士
川に、挑むように突き出してい
るのがこの山。富士川は流れ
を遮られて大きく蛇行している。
低いが存在感があるのは、ヤマ
トタケルと白鳥伝説があるから
か。北方上空高度約800mか
ら(2004年4月)

大菩薩嶺 （だいぼさつれい）

2,057m
甲州市、小菅村、丹波山村

山梨百名山の公募で三ツ峠、富士山に次ぐ3番目の人気だった（中央左、針葉樹のピーク）。甲府盆地の北東で存在感を示している。樋口一葉はこの麓で生まれた。また中里介山の小説は有名。南方上空高度約2,100mから（2016年7月）

源次郎岳 《げんじろうだけ》

1,477m
甲州市

大菩薩嶺（86ページ）から南に
延びる日川尾根から西に張り出
した山（中央右が山頂）。峡
東地方（甲府盆地北東部）を
見守っているようだ。山名の由
来は鎌倉時代、源頼朝に追わ
れた岩竹源次郎が、頂上の
枡岩で切腹したという伝説から。
北東上空高度約1,600mから
（2005年2月）

棚横手 《たなよこて》

1,306m
甲州市

日川尾根の末端近くにある（中
央右のピークが山頂）。一帯
は昔から造林が盛んで、横手
道という山林作業の道が何本
もつけられ、これが山名の由来
になったという。南に甲州高尾
山があり、尾根の末端には古
刹の大善寺がある。東方上空
高度約1,400mから（2004年
10月）

小金沢山
《こがねざわやま》
2,014m
甲州市、大月市

大菩薩嶺（86ページ）からはもう一本、南南東へ長い尾根が延びていて、この山の名前をとって小金沢連嶺と呼ばれている。その最高点でもある。また山梨を東の「郡内」、西の「国中」に分ける山脈にもなっている。北東上空高度約2,300mから（2018年5月）

大蔵高丸

《おおくらたかまる》
1,781m
甲州市、大月市

小金沢山（前ページ）の南にある。丸みを帯びた山容。山頂は草原状で明るく開け、360度の展望がある。西側の谷は武田氏終焉の地。勝頼主従が自刃した景徳院が静かにたたずんでいる。草原状になった台地（中央）の南（後方）に立つ台形の山の北端（右）が山頂。北方上空高度約1,800mから（2004年7月）

笹子雁ガ腹摺山

《ささごがんがはらすりやま》
1,358m
甲州市、大月市

大菩薩南嶺と御坂山塊の結接点の山（右上の最高
ピーク）であり、甲府盆地と郡内地方を分ける山稜。か
つては甲州街道の難所だった。今はこの下をJR中央
線と中央自動車道の笹子トンネルが通っている。南東
上空高度約1,200mから（2004年4月）

本社ケ丸

《ほんじゃがまる》
1,631m
都留市、大月市

JR中央線笹子駅の南にある大きな山（中央右）。周辺には「〜丸」と付く山が集中している。「マル」は朝鮮語で山を指すが、大化の改新前後、多くの百済人が住んだ名残という。近くにリニア実験線がある。南西上空高度約1,600mから（2004年12月）

滝子山 《たきごやま》

1,610m
大月市

JR中央線の初狩―笹子駅間の北に、どっかりと立っている。山頂部分は3つに分かれていて、別名「三つ丸」、古くは「鎮西ヶ丸」。山頂北に鎮西ヶ池があり、源為朝と白縫姫の伝説がある。東方上空高度約1,700mから（2004年7月）

大菩薩・桂川・道志山系

雁ガ腹摺山

《がんがはらすりやま》
1,874m
大月市

この山は2回、ブームがあった。最初は「五百円札の富士山」撮影地として有名に。2度目は硬貨に変わって「消えゆくお札」の時。今では登ってから知る人もいる。大峠まで車で入れば歩き1時間ほどで山頂。北方上空高度約1,900mから（2004年11月）

岩殿山 《いわどのさん》 634m　大月市

JR中央線大月駅の北にある大岩壁の山。岩壁は鏡
岩と呼ばれ標高差120m。戦国武田氏終焉の歴史に
も関わっている。乃木希典がこの地に立って読んだ漢
詩の碑があり、その一節に「遺恨長」とある。南西上
空高度約800mから(2005年3月)

百蔵山 〈ももくらさん〉

1,003m
大月市

JR中央線猿橋駅の北にある（正面）。駅から近いので首都圏の登山者が多い。特に晩秋から初冬は天気が安定して、樹間から南は富士山や道志、秋山、北は葛野（かずの）川の谷と山々。桃太郎伝説もある。南西上空高度約1,200mから（2005年2月）

扇山 《おうぎやま》

1,138m
大月市、上野原市

JR中央線鳥沢駅辺りから見
ると、山稜が見事に半円形を
描いていて山名に納得する。
山頂（中央右）は広い芝状
で明るい。展望もいい。相模
湖、陣馬山、高尾山など。秋
から冬の晴天に登りたい山だ。
南西上空高度約1,600mから
（2005年2月）

権現山 《ごんげんやま》

1,312m
上野原市、大月市

扇山（104ページ）の北にある
（中央右）。頂上には大勢篭
（おおむれ）権現が祀られ、大
群山ともいう。かつては5月の祭
りに公認の賭場がたったとい
う。明治の自由民権運動の
時代、借金党が山中で活動し
た。南東上空高度約1,400m
から（2004年12月）

三頭山 《みとうやま》

1,531m
上野原市、小菅村

名前のとおり3つのピークがあり、三角点のある頂上（正面の最高地点）は東京分になる。山梨百名山標柱は山梨側のピークに建てられた。武田信玄の六女・松姫は、武田家滅亡後、この山中を越えて八王子に隠れた。南方上空高度約1,700mから（2004年11月）

高柄山 《たかつかやま》

733m
上野原市

桂川右岸にあり、山梨百名山
最東端の山(中央)。河岸段
丘に広がる上野原の市街地
が一望できる。高さは下から4
番目だが、首都圏の中高年登
山者に人気の山の一つ。JR
中央線上野原駅から桂川を渡
り御前山を経て山頂。四方津
駅に下る。南西上空高度約
800mから(2005年2月)

倉岳山 《くらたけやま》

990m
大月市、上野原市

両市を流れる桂川の南岸に
は、東から西へ高柄山（110
ページ）、矢平山、舟山、倉岳
山（正面。山頂は右のピーク）、
畑山、大桑山、九鬼山（116
ページ）などが並ぶ。この山稜
のほぼ中央にあって最も高い
のが倉岳山だ。西（左）の穴
路峠は県の「峠道文化の森」
に指定されている。南方上空
高度約1,100mから（2004年
12月）

二十六夜山

《にじゅうろくやさん》
972m
上野原市

北と南を山並みに挟まれ、秋
山川に沿って集落が点在す
る秋山は、月への信仰が厚
かった。山頂（中央）近くにある
「二十六夜塔」が名残を伝え
ている。旧暦の1月と7月の26日、
山に登って月の出を待ったとい
う。南西上空高度約1,200m
から（2005年1月）

九鬼山 《くきやま》

970m
都留市、大月市

リニアモーターカーが九鬼山（右上）のトンネルへ。その脇を歩く登山者。最新の科学と原始的な行為が交錯する不思議な山だ。江戸時代中期の絵図や灯ろうは「九喜」、後期の絵図や灯ろうは「九鬼」と変わった。西方上空高度約900mから（2004年10月）

高川山 《たかがわやま》

976m
大月市、都留市

JR中央線初狩駅の南東にある人気の山（正面）。理由は山頂からの展望
のようだ。南に富士山（156ページ）、北に滝子山（97ページ）、雁ガ腹摺山
（98ページ）、西に笹子雁ガ腹摺山（94ページ）、遠く南アルプス間ノ岳（64
ページ）、東は九鬼山（116ページ）、倉岳山（112ページ）など。北西の山裾
で作家・山本周五郎は生まれた。北東上空高度約700mから（2004年9月）

御正体山

《みしょうたいさん》
1,682m
都留市、道志村

道志、秋山山系で群を抜く高峰がこの山だ。山頂（中央）に御正体権現が祀られている信仰の山。江戸時代には妙心上人が即身仏となって入定。信者は相模、武蔵、江戸に及んだという。山頂には一等三角点（補点）がある。北東上空高度約2,000mから（2004年9月）

杓子山 《しゃくしやま》

1,598m
富士吉田市、都留市、忍野村

富士山から直線で約15km。
県内の1,500m以上の山で最
も近い山だ（中央右）。吉田
大沢をほぼ正面にして向き合っ
ている。西には遠く白根三山、
塩見岳、悪沢岳、赤石岳まで。
富士山の演習場が特異に見
える。「しゃくし」はガレ場を指
す。西方上空高度約1,600m
から（2005年3月）

石割山 《いしわりやま》 1,413m 山中湖村、忍野村、都留市

富士山と山中湖の展望台。山中湖の東岸、平野地区の北にある。山頂近くにある斜めに2つに割れた巨岩が由来。岩は高さ15mほどで、近くに石割神社がある。山頂からは、手前に山中湖を置いた富士山が裾を長く引いている。南方上空高度約1,600mから（2004年5月）

今倉山 《いまくらやま》

1,470m
都留市、道志村

道志村は「道志七里」と呼ばれ東西に長い。中央を道志川が流れ、北と南は山並みが横たわる。北に今倉山（正面）と菜畑山（124ページ）。今倉山は道坂トンネル西側から登る。トンネルの上に出たら北へ。急斜面を登り切り、左（西）へ行けば山頂。南方上空高度約1,600mから（2005年1月）

菜畑山 《なばたけうら》

1,283m
道志村、都留市

道志川の北岸、今倉山(前
ページ)の東にある(右)。なだ
らかな山容で北面(左)は都
留市になる。普通なら「なばた
けやま」だが、地元では「なば
たけうら」と呼んでいる。「うら」
は先端の意味もあり「うらっぽ」
などと使う。山頂からは南側の
展望がある。西方上空高度
約1,300mから(2005年2月)

大菩薩・桂川・道志山系

鳥ノ胸山

《とんのむねやま》
1,208m
道志村

道志川の南岸にある（中央左のピーク）。「とんのむねやま」と読むが、江戸時代の地誌『甲斐国誌』は「殿ムレ山」あるいは「殿群山」と表記している。本来の意味は大群大権現のある大室山（128ページ）に従う山、ということだったらしい。山の名前は難しい。西方上空高度約1,100mから（2004年8月）

大室山〈おおむろやま〉 1,588m　道志村

標高は1,600mに届かないが、西丹沢の盟主にふさわしい大きな山だ（右上）。古くから武蔵、相模にまで知られていた。大群権現を祀る信仰の山でもある。大きな山だけに水をはぐくむ山でもある。武田久吉がブナの大木、カエデ、ウツギの多さに驚いたほどだ。西方上空高度約1,500mから（2004年7月）

三ツ峠山

《みつとうげやま》
1,785m
西桂町、富士河口湖町、都留市

「三」にあやかる訳ではないが、3つの顔を持っている。まず屏風岩のロッククライミング。多くのクライマーを育てた。次に富士山の展望を楽しめるハイキング。小さな子供や年配者も登ることができる。そして高山植物。山名を冠したミツトウゲヒョウタンボクもある。電波中継基地の山でもある。南西上空高度約1,800mから（2004年8月）

黒岳 《くろだけ》

1,793m
笛吹市、富士河口湖町

山梨の西と東を分ける御坂山
塊の最高峰（中央右）。河口
湖の北にあり、大きくどっしりとし
た山容は、盟主と呼ばれるの
にふさわしい貫禄がある。植物
も豊富で、特にブナ林は見事
だ。約12haが県の自然保存
林になっている。北方上空高
度約1,900mから（2004年6月）

十二ヶ岳 《じゅうにがたけ》

1,683m
富士河口湖町

ノコギリの歯を上に向けたような鋭鋒が連なり、十二もの峰を登り下りしないと山頂（中央右）に着けないことから山名になったという。別名は鋸岳。雨乞いの山でもある。山頂に立つと足下に青い西湖、足和田山の向こうに裾を引いた富士山が大きい。北西上空高度約1,900mから、富士河口湖町や富士吉田市の街並みも望んで（2005年1月）

節刀ヶ岳 《せっとうがたけ》

1,736m
笛吹市、富士河口湖町

西湖の北岸にある。甲府盆地から御坂山塊を眺めると、見事な三角錐の山が見える。これが節刀ヶ岳だ（正面）。「せっとう」と読む。由来は諸説あるが決定的なものはない。東の大石峠は甲斐と駿河を結ぶ最古の官道が通っていた。南東上空高度約1,700mから（2004年11月）

王岳 《おうだけ》

1,623m
富士河口湖町、笛吹市

西湖の西岸、根場（ねんば）
地区の北にあり、昔から「大
岳」として親しまれてきた（中
央）。1966（昭和41）年9月25
日、台風26号が県東部を縦
断。中腹からの土石流が地区
を押し流した。復興したその根
場から登る。西方上空高度約
2,000mから（2005年1月）

足和田山 《あしわだやま》

1,355m
富士河口湖町、鳴沢村

富士山の北麓は「樹海」と呼
ばれる大森林が広がっている。
足和田山（中央）は西湖の南
にあり、この樹海と富士山の展
望台でもある。富士山北面の
広大さを実感できる山でもある。
三湖台、五湖台という富士五
湖と富士山展望の山でもある。
高度約1,700mから（2004年5
月）

釈迦ケ岳 《しゃかがだけ》

1,641m
笛吹市

御坂山系は黒岳（1,793m、132ページ）で北西に支脈を出し釈迦ケ岳、神座山、春日山（143ページ）、滝戸山（144ページ）、日蔭山と続いて終わる。釈迦ケ岳はその最高峰で、三角形に尖り南面に岩場がある。野鳥研究家の中村幸雄が「ブッポウソー」と鳴く鳥をコノハズクと証明した場所でもある。南東上空高度約1,800mから（2004年5月）

富士・御坂・天子山系

達沢山 《たつざわやま》

1,358m
笛吹市

山梨は扇状地が多い。この達沢山（左）の北西は、隣の京戸山（右）とともに典型的な地形例として有名。扇状地は桃などの果樹地帯となっていて、春の山裾は一面ピンクに染まる。一帯は旧石器時代から平安時代までの遺跡群が出土。釈迦堂遺跡博物館で見学できる。南東上空高度約1,600mから（2004年4月）

大栃山 《おおとちやま》

1,415m
笛吹市

笛吹市御坂町黒駒地区の南に立つ（中央）。裾を引いた端正な姿で、別名黒駒富士ともいう。江戸時代末期、この山を挟んで山梨を代表する2人の侠客が生まれた。竹居の吃安と黒駒の勝蔵。勝蔵は討幕派の赤報隊に加わって奥州戦争を戦った。南東上空高度約1,600mから（2004年4月）

春日山 《かすがやま》

1,158m
笛吹市

文学とかかわりが深い山だ(中央)。西の山裾は俳人・飯田蛇笏、龍太親子が拠点とした地。後山(ござん、こうざん)の一帯が登場する。また大黒坂から春日山にかけての風景は、同市出身の作家・深沢七郎の小説『楢山節考』に登場する。南東上空高度約1,400mから(2005年2月)

滝戸山 《たきどやま》

1,221m
甲府市、笛吹市

里山で標高も低いが（中央の
小高いピークが山頂）、山梨
県が選定した「やまなしの森林
百選」に3つの森が選ばれてい
る。シラカシ林、アオギリ林、ミズ
ナラ林。シラカシは日本の北限
に近く、高さ25mの大木もある。
近くの鶯宿峠には「なんじゃもん
じゃ」の大木も。南東上空高
度約1,400mから（2005年2月）

蛾ヶ岳 《ひるがたけ》

1,279m
市川三郷町、身延町

甲府盆地の南に台形の姿を見せている。江戸時代の地誌『甲斐国誌』は「州の南鎮ナリ」と書いている。中腹に「四尾連湖」（手前）がある。富士八湖の一つで、雨乞い伝説が残る。湖畔には、ここに庵を結び、若くして世を去った野沢一の詩碑が建つ。新緑の山並みに囲まれた四尾連湖の奥、中央に見えるのが蛾ヶ岳。遠くに富士山を北西上空から望む（2020年5月）

三方分山 《さんぽうぶんざん》

1,422m
富士河口湖町、身延町

御坂山塊の西端にあり、精進湖を包むように立っている（正面）。東に女坂があり、国中と富士北麓、さらに駿河を結んだ歴史の道・中道往還が通っている。「さんぽうぶんざん」と読むが、「みかたわけやま」とも。精進湖と富士山の展望台。北西上空高度約1,700mから（2004年6月）

竜ケ岳 《りゅうがたけ》

1,485m
富士河口湖町、身延町

本栖湖（左）の南岸にこんもりと
立つ。富士山の頂上から昇る
初日の出（ダイヤモンド富士）を
見ることができる山として知られ
ている。北面は樹林が覆い、
南面はスズタケの群生。山頂
は広々としていて、東に雄大な
富士山を望む。北西上空高度
約1,600mから（2004年12月）

毛無山 《けなしさん》

1,964m
身延町

竜ケ岳から南に延びる山並みは「毛無山塊」と呼ばれ、山梨と静岡の県境になっている。東は富士ケ嶺の開拓地や朝霧高原が広がり、その先に富士山が大きい。西は遥か下を富士川が南流している。県内では数少ない一等三角点（手前が三角点ピーク）がある。南西上空高度約2,200mから（2004年12月）

長者ヶ岳 《ちょうじゃがたけ》

1,336m
南部町

西は佐野川の上流が流れ、東は静岡・朝霧高原の田貫湖（手前）がある。手前に田貫湖を置いた富士山は大きく、すそ野も広い。山梨側には佐野川上流から長い登山道があるが、東の田貫湖から登る人が多い。こちらは富士山を背負って登る。東方上空高度約1,200mから（2004年11月）

三石山 《みついしやま》

1,173m
身延町、南部町

富士川の支流、桑江（かがえ）
川の源頭にある（正面）。『甲
斐国誌』によると、山頂直下に
ある三つの大石が信仰の対
象で、雨乞いの山だった。隣
に三石大明神の社殿がある。
今も地元の人たちが守っている。
山頂はすぐ先だが、樹林に囲
まれて展望はない。南東上空
高度約1,300mから（2004年
11月）

思親山 《ししんざん》

1,031m
南部町

富士川の左岸（東）にそびえる（右が山頂）。山の西面は杉、ヒノキの植林地（県有林）で県内でも有数の美林を誇る。なだらかな山頂からは富士市の製紙工場群、沼津市の千本松原、伊豆半島も見える。山容が横に長いので「牛山」ともいう。東方上空高度約1,400mから（2004年6月）

富士山《ふじさん》 3,776m 富士吉田市、鳴沢村

最初は溶岩で焼けただれた山だった。最初の植物が根付いて以来、気の遠くなる時間をかけて山に登り続け、間もなく山頂に到達するという。高さ、美しさ、自然の厳しさ日本一。毎年数十万人の登山者は、日本一であり世界一でもある。北方上空高度約1,970mから（2020年2月）

山梨百名山分布図

埼玉

長野県

静岡県

❷ 赤岳 2,899m
八ヶ岳中信高原 国定公園
❹ 権現岳 2,715m
❻ 編笠山 2,524m
❾ 横尾山 1,818m
❿ 小川山 2,418m
❽ 瑞牆山 2,230m
⓫ 金峰山 2,599m
⓬ 国師ケ岳 2,592m
㉓ 鶏冠山
⓮ 甲武信ケ岳 2,475m
⓰ 破風山
⓲ 雁坂嶺 2,289m
⓴ 笠取山 1,953m
㉑ 飛
2,115m
2,318m
㉔ 黒金山 2,232m
㉖ 乾徳山 2,031m
秩父多摩甲斐国立公園 2,07
㉗ 黒川山・鶏冠山 1,716m
丹
㉚ 曲岳 1,642m
㉘ 茅ケ岳 1,704m
㉜ 黒富士 1,635m
㊲ 小楢山 1,713m
山梨市
㊏ 大菩薩嶺 2,057m
㉝ 太刀岡山 1,295m
㉞ 羅漢寺山 1,058m
㊱ 帯那山 1,422m
㉟ 要害山 780m
㊸ 源次郎岳 1,477m
㊐ 小金沢山 2,0
㊒ 棚横手 1,306m
㊘ 雁ガ腹摺山
㉘ � 913m
㊳ 兜山
㊟ 大蔵経寺山 716m
甲州市
㊒ 大蔵高丸 1,781m
㊔ 滝 1,61
㊘ 笹子雁ガ腹摺山 1,358m
㊐ 達沢山 1,358m
㊐ 高
㊐ 大栃山 1,415m
㊖ 本社ケ丸 1,631m
㊇ 三ツ峠山 1,785m
㊐ 釈迦ケ岳 1,641m
㊐ 黒岳 1,793m
西桂町
河口湖

⓭ 春日山 1,158m
⓮ 滝戸山 1,221m
⓯ 節刀ケ岳 1,683m
⓯ 十二ケ岳 1,355m
⓭ 王岳 1,623m
⓰ 足和田山
1,598m
⓴ 杓子
⓰ 石割山 1,4

㊻ 雨乞岳 2,037m
北杜市
㊺ 日向山 1,660m
㊼ 鋸岳 2,685m
㊷ 甲斐駒ケ岳 2,967m
㊱ 仙丈ケ岳 3,033m
㊽ アサヨ峰 2,799m
㊵ 鳳凰山 2,840m
㊽ 小太郎山 2,725m
韮崎市
南アルプス 国立公園
㊱ 北岳 3,193m
㊝ 千頭星山 2,139m
㊶ 甲利山 1,745m
甲斐市
甲府市
山梨県
笛吹市

㊽ 間ノ岳 3,190m
㊿ 農鳥岳 3,051m
昭和町
南アルプス市
中央市

㊽ 笹山 2,733m
市川三郷町
㊽ 櫛形山 2,052m
㊽ 源氏山 1,827m

㊻ 蛾ケ岳 1,279m
⓭ 三方分山 1,422m
⓰ 王岳 1,623m
精進湖
西湖
河口湖
富士河口湖町

㊽ 富士見山 1,640m
早川町
身延町
本栖湖 1,485m
⓭ 竜ケ岳
鳴沢村
忍野村
山中
山中湖

㊻ 笊ケ岳 2,629m
㊼ 身延山 1,153m
⓯ 毛無山 1,964m
富士吉田市

㊼ 七面山 1,989m
⓯ 三石山 1,173m
⓯ 長者ケ岳 1,336m
3,776m
⓯ 富士山
富士箱根伊豆国立公園

㊀ 山伏 2,014m
㊁ 八紘嶺 1,918m
⓯ 思親山 1,031m

㊇ 十枚山 1,726m
㊇ 篠井山 1,394m
南部町
㊄ 白鳥山 568m
㊂ 貫ケ岳 897m
㊁ 高ドッキョウ 1,134m

※ ●内の数字は掲載頁を示します。

🔺 八ケ岳・奥秩父山系

🔺 南アルプス・安倍山系

🔺 大菩薩・桂川・道志山系

🔺 富士・御坂・天子山系

山梨百名山は1997年2月に選定され、山梨日日新聞社では航空写真を中心に各山を撮影してきました。本書は山梨日日新聞社およびサンニチ印刷のアーカイブからそれらの写真を精選し、過去に発刊した『山梨百名山』『新版 アタック山梨百名山―実践コースガイド―』に準じて構成したものです。各山の標高は原則として『山梨百名山』に従い、一部は現行のものを採用しています。また、各文末尾の( )内は撮影もしくは新聞紙面掲載年月です。

カバー写真：北岳、背をはさんで間ノ岳、農鳥岳
扉写真：日向山(手前)と甲斐駒ケ岳

写真で楽しむ
山梨百名山
2020年8月31日　第1刷発行

編集・発行　　山梨日日新聞社
　　　　　　　〒400-8515　甲府市北口二丁目6-10
　　　　　　　電話055-231-3105（出版部）
　　　　　　　https://www.sannichi.co.jp

印刷・製本　　(株)サンニチ印刷